ग़ज़ल उस ने छेड़ी

(Ghazals in Devnagri)

संकलित:

मुकर्रम नियाज़

Ghazal usne chhedhi *(Ghazals in Devnagri)*
By: Mukarram Niyaz
Edition: September '2025
Publisher:
Taemeer Publications LLC (Michigan, USA / Hyderabad, India)

ISBN 978-93-5872-121-8

Book	:	ग़ज़ल उस ने छेड़ी
Editor	:	मुकर्रम नियाज़
Publisher	:	Taemeer Publications
Year	:	'2025
Pages	:	82
Title Design	:	*Taemeer Web Design*

विषय-सूची

1

गुलज़ार

हाथ छूटें भी तो रिश्ते नहीं छोड़ा करते

हाथ छूटें भी तो रिश्ते नहीं छोड़ा करते
वक़्त की शाख़ से लम्हे नहीं तोड़ा करते

जिस की आवाज़ में सिलवट हो निगाहों में शिकन
ऐसी तस्वीर के टुकड़े नहीं जोड़ा करते

लग के साहिल से जो बहता है उसे बहने दो
ऐसे दरिया का कभी रुख़ नहीं मोड़ा करते

जागने पर भी नहीं आँख से गिरतीं किर्चें
इस तरह ख़्वाबों से आँखें नहीं फोड़ा करते

शहद जीने का मिला करता है थोड़ा थोड़ा
जाने वालों के लिए दिल नहीं थोड़ा करते

जा के कोहसार से सर मारो कि आवाज़ तो हो
ख़स्ता दीवारों से माथा नहीं फोड़ा करते

***

2

गुलज़ार

ख़ुशबू जैसे लोग मिले अफ़साने में

ख़ुशबू जैसे लोग मिले अफ़साने में
एक पुराना ख़त खोला अनजाने में

शाम के साए बालिश्तों से नापे हैं
चाँद ने कितनी देर लगा दी आने में

रात गुज़रते शायद थोड़ा वक़्त लगे
धूप उन्डेलो थोड़ी सी पैमाने में

जाने किस का ज़िक्र है इस अफ़साने में
दर्द मज़े लेता है जो दोहराने में

दिल पर दस्तक देने कौन आ निकला है
किस की आहट सुनता हूँ वीराने में

हम इस मोड़ से उठ कर अगले मोड़ चले
उन को शायद उम्र लगेगी आने में

***

3

गुलज़ार

ज़िंदगी यूँ हुई बसर तन्हा

ज़िंदगी यूँ हुई बसर तन्हा
क़ाफ़िला साथ और सफ़र तन्हा

अपने साए से चौंक जाते हैं
उम्र गुज़री है इस क़दर तन्हा

रात भर बातें करते हैं तारे
रात काटे कोई किधर तन्हा

डूबने वाले पार जा उतरे
नक़्श-ए-पा अपने छोड़ कर तन्हा

दिन गुज़रता नहीं है लोगों में
रात होती नहीं बसर तन्हा

हम ने दरवाज़े तक तो देखा था
फिर न जाने गए किधर तन्हा

***

4

गुलज़ार

जब भी ये दिल उदास होता है

जब भी ये दिल उदास होता है
जाने कौन आस-पास होता है

आँखें पहचानती हैं आँखों को
दर्द चेहरा-शनास होता है

गो बरसती नहीं सदा आँखें
अब्र तो बारह-मास होता है

छाल पेड़ों की सख़्त है लेकिन
नीचे नाख़ुन के मास होता है

ज़ख़्म कहते हैं दिल का गहना है
दर्द दिल का लिबास होता है

डस ही लेता है सब को इश्क़ कभी
साँप मौक़ा-शनास होता है

सिर्फ़ इतना करम किया कीजे
आप को जितना रास होता है

***

5

गुलज़ार

ऐसा ख़ामोश तो मंज़र न फ़ना का होता

ऐसा ख़ामोश तो मंज़र न फ़ना का होता
मेरी तस्वीर भी गिरती तो छनाका होता

यूँ भी इक बार तो होता कि समुंदर बहता
कोई एहसास तो दरिया की अना का होता

साँस मौसम की भी कुछ देर को चलने लगती
कोई झोंका तिरी पलकों की हवा का होता

काँच के पार तिरे हाथ नज़र आते हैं
काश ख़ुशबू की तरह रंग हिना का होता

क्यूँ मिरी शक्ल पहन लेता है छुपने के लिए
एक चेहरा कोई अपना भी ख़ुदा का होता

***

1

वसीम बरेलवी

मोहब्बत ना-समझ होती है समझाना ज़रूरी है

मोहब्बत ना-समझ होती है समझाना ज़रूरी है
जो दिल में है उसे आँखों से कहलाना ज़रूरी है

उसूलों पर जहाँ आँच आए टकराना ज़रूरी है
जो ज़िंदा हो तो फिर ज़िंदा नज़र आना ज़रूरी है

नई उम्रों की ख़ुद-मुख़्तारियों को कौन समझाए
कहाँ से बच के चलना है कहाँ जाना ज़रूरी है

थके-हारे परिंदे जब बसेरे के लिए लौटें
सलीक़ा-मंद शाख़ों का लचक जाना ज़रूरी है

बहुत बेबाक आँखों में त'अल्लुक़ टिक नहीं पाता
मोहब्बत में कशिश रखने को शर्माना ज़रूरी है

सलीक़ा ही नहीं शायद उसे महसूस करने का
जो कहता है ख़ुदा है तो नज़र आना ज़रूरी है

मिरे होंटों पे अपनी प्यास रख दो और फिर सोचो
कि इस के बा'द भी दुनिया में कुछ पाना ज़रूरी है

***

2

वसीम बरेलवी

क्या दुख है समुंदर को बता भी नहीं सकता

क्या दुख है समुंदर को बता भी नहीं सकता
आँसू की तरह आँख तक आ भी नहीं सकता

तू छोड़ रहा है तो ख़ता इस में तिरी क्या
हर शख़्स मिरा साथ निभा भी नहीं सकता

प्यासे रहे जाते हैं ज़माने के सवालात
किस के लिए ज़िंदा हूँ बता भी नहीं सकता

घर ढूँड रहे हैं मिरा रातों के पुजारी
मैं हूँ कि चराग़ों को बुझा भी नहीं सकता

वैसे तो इक आँसू ही बहा कर मुझे ले जाए
ऐसे कोई तूफ़ान हिला भी नहीं सकता

***

3

वसीम बरेलवी

अपने चेहरे से जो ज़ाहिर है छुपाएँ कैसे

अपने चेहरे से जो ज़ाहिर है छुपाएँ कैसे
तेरी मर्ज़ी के मुताबिक़ नज़र आएँ कैसे

घर सजाने का तसव्वुर तो बहुत ब'अद का है
पहले ये तय हो कि इस घर को बचाएँ कैसे

लाख तलवारें बढ़ी आती हों गर्दन की तरफ़
सर झुकाना नहीं आता तो झुकाएँ कैसे

क़हक़हा आँख का बरताव बदल देता है
हँसने वाले तुझे आँसू नज़र आएँ कैसे

फूल से रंग जुदा होना कोई खेल नहीं
अपनी मिट्टी को कहीं छोड़ के जाएँ कैसे

कोई अपनी ही नज़र से तो हमें देखेगा
एक क़तरे को समुंदर नज़र आएँ कैसे

जिस ने दानिस्ता किया हो नज़र-अंदाज़ 'वसीम'
उस को कुछ याद दिलाएँ तो दिलाएँ कैसे

***

4

वसीम बरेलवी

वो मेरे घर नहीं आता मैं उस के घर नहीं जाता

वो मेरे घर नहीं आता मैं उस के घर नहीं जाता
मगर इन एहतियातों से तअ'ल्लुक़ मर नहीं जाता

बुरे अच्छे हों जैसे भी हों सब रिश्ते यहीं के हैं
किसी को साथ दुनिया से कोई ले कर नहीं जाता

घरों की तर्बियत क्या आ गई टी-वी के हाथों में
कोई बच्चा अब अपने बाप के ऊपर नहीं जाता

खुले थे शहर में सौ दर मगर इक हद के अंदर ही
कहाँ जाता अगर मैं लौट के फिर घर नहीं जाता

मोहब्बत के ये आँसू हैं उन्हें आँखों में रहने दो
शरीफ़ों के घरों का मसअला बाहर नहीं जाता

'वसीम' उस से कहो दुनिया बहुत महदूद है मेरी
किसी दर का जो हो जाए वो फिर दर दर नहीं जाता

***

5

वसीम बरेलवी

ज़रा सा क़तरा कहीं आज अगर उभरता है

ज़रा सा क़तरा कहीं आज अगर उभरता है
समुंदरों ही के लहजे में बात करता है

खुली छतों के दिए कब के बुझ गए होते
कोई तो है जो हवाओं के पर कतरता है

शराफ़तों की यहाँ कोई अहमियत ही नहीं
किसी का कुछ न बिगाड़ो तो कौन डरता है

ये देखना है कि सहरा भी है समुंदर भी
वो मेरी तिश्ना-लबी किस के नाम करता है

तुम आ गए हो तो कुछ चाँदनी सी बातें हों
ज़मीं पे चाँद कहाँ रोज़ रोज़ उतरता है

ज़मीं की कैसी वकालत हो फिर नहीं चलती
जब आसमाँ से कोई फ़ैसला उतरता है

***

1

जावेद अख़्तर

जिधर जाते हैं सब जाना उधर अच्छा नहीं लगता

जिधर जाते हैं सब जाना उधर अच्छा नहीं लगता
मुझे पामाल रस्तों का सफ़र अच्छा नहीं लगता

ग़लत बातों को ख़ामोशी से सुनना हामी भर लेना
बहुत हैं फ़ाएदे इस में मगर अच्छा नहीं लगता

मुझे दुश्मन से भी ख़ुद्दारी की उम्मीद रहती है
किसी का भी हो सर क़दमों में सर अच्छा नहीं लगता

बुलंदी पर उन्हें मिट्टी की ख़ुश्बू तक नहीं आती
ये वो शाख़ें हैं जिन को अब शजर अच्छा नहीं लगता

ये क्यूँ बाक़ी रहे आतिश-ज़नो ये भी जला डालो
कि सब बे-घर हों और मेरा हो घर अच्छा नहीं लगता

***

2

जावेद अख़्तर

कभी कभी मैं ये सोचता हूँ कि मुझ को तेरी तलाश क्यूँ है

कभी कभी मैं ये सोचता हूँ कि मुझ को तेरी तलाश क्यूँ है
कि जब हैं सारे ही तार टूटे तो साज़ में इर्तिआ'श क्यूँ है

कोई अगर पूछता ये हम से बताते हम गर तो क्या बताते
भला हो सब का कि ये न पूछा कि दिल पे ऐसी ख़राश क्यूँ है

उठा के हाथों से तुम ने छोड़ा चलो न दानिस्ता तुम ने तोड़ा
अब उल्टा हम से तो ये न पूछो कि शीशा ये पाश पाश क्यूँ है

अजब दो-राहे पे ज़िंदगी है कभी हवस दिल को खींचती है
कभी ये शर्मिंदगी है दिल में कि इतनी फ़िक्र-ए-मआ'श क्यूँ है

न फ़िक्र कोई न जुस्तुजू है न ख़्वाब कोई न आरज़ू है
ये शख़्स तो कब का मर चुका है तो बे-कफ़न फिर ये लाश क्यूँ है

***

3

जावेद अख़्तर

जीना मुश्किल है कि आसान ज़रा देख तो लो

जीना मुश्किल है कि आसान ज़रा देख तो लो
लोग लगते हैं परेशान ज़रा देख तो लो

फिर मुक़र्रिर कोई सरगर्म सर-ए-मिंबर है
किस के है क़त्ल का सामान ज़रा देख तो लो

ये नया शहर तो है ख़ूब बसाया तुम ने
क्यूँ पुराना हुआ वीरान ज़रा देख तो लो

इन चराग़ों के तले ऐसे अँधेरे क्यूँ है
तुम भी रह जाओगे हैरान ज़रा देख तो लो

तुम ये कहते हो कि मैं ग़ैर हूँ फिर भी शायद
निकल आए कोई पहचान ज़रा देख तो लो

ये सताइश की तमन्ना ये सिले की परवाह
कहाँ लाए हैं ये अरमान ज़रा देख तो लो

***

4

जावेद अख़्तर

मुझ को यक़ीं है सच कहती थीं जो भी अम्मी कहती थीं

मुझ को यक़ीं है सच कहती थीं जो भी अम्मी कहती थीं
जब मेरे बचपन के दिन थे चाँद में परियाँ रहती थीं

एक ये दिन जब अपनों ने भी हम से नाता तोड़ लिया
एक वो दिन जब पेड़ की शाख़ें बोझ हमारा सहती थीं

एक ये दिन जब सारी सड़कें रूठी रूठी लगती हैं
एक वो दिन जब आओ खेलें सारी गलियाँ कहती थीं

एक ये दिन जब जागी रातें दीवारों को तकती हैं
एक वो दिन जब शामों की भी पलकें बोझल रहती थीं

एक ये दिन जब ज़ेहन में सारी अय्यारी की बातें हैं
एक वो दिन जब दिल में भोली-भाली बातें रहती थीं

एक ये दिन जब लाखों ग़म और काल पड़ा है आँसू का
एक वो दिन जब एक ज़रा सी बात पे नदियाँ बहती थीं

एक ये घर जिस घर में मेरा साज़-ओ-सामाँ रहता है
एक वो घर जिस घर में मेरी बूढ़ी नानी रहती थीं

***

5

जावेद अख़्तर

अभी ज़मीर में थोड़ी सी जान बाक़ी है

अभी ज़मीर में थोड़ी सी जान बाक़ी है
अभी हमारा कोई इम्तिहान बाक़ी है

हमारे घर को तो उजड़े हुए ज़माना हुआ
मगर सुना है अभी वो मकान बाक़ी है

हमारी उन से जो थी गुफ़्तुगू वो ख़त्म हुई
मगर सुकूत सा कुछ दरमियान बाक़ी है

हमारे ज़ेहन की बस्ती में आग ऐसी लगी
कि जो था ख़ाक हुआ इक दुकान बाक़ी है

वो ज़ख़्म भर गया अर्सा हुआ मगर अब तक
ज़रा सा दर्द ज़रा सा निशान बाक़ी है

ज़रा सी बात जो फैली तो दास्तान बनी
वो बात ख़त्म हुई दास्तान बाक़ी है

अब आया तीर चलाने का फ़न तो क्या आया
हमारे हाथ में ख़ाली कमान बाक़ी है

***

1

मुनव्वर राना

किसी को घर मिला हिस्से में या कोई दुकाँ आई

किसी को घर मिला हिस्से में या कोई दुकाँ आई
मैं घर में सब से छोटा था मिरे हिस्से में माँ आई

यहाँ से जाने वाला लौट कर कोई नहीं आया
मैं रोता रह गया लेकिन न वापस जा के माँ आई

अधूरे रास्ते से लौटना अच्छा नहीं होता
बुलाने के लिए दुनिया भी आई तो कहाँ आई

किसी को गाँव से परदेस ले जाएगी फिर शायद
उड़ाती रेल-गाड़ी ढेर सारा फिर धुआँ आई

मिरे बच्चों में सारी आदतें मौजूद हैं मेरी
तो फिर इन बद-नसीबों को न क्यूँ उर्दू ज़बाँ आई

क़फ़स में मौसमों का कोई अंदाज़ा नहीं होता
ख़ुदा जाने बहार आई चमन में या ख़िज़ाँ आई

घरौंदे तो घरौंदे हैं चटानें टूट जाती हैं
उड़ाने के लिए आँधी अगर नाम-ओ-निशाँ आई

कभी ऐ ख़ुश-नसीबी मेरे घर का रुख़ भी कर लेती
इधर पहुँची उधर पहुँची यहाँ आई वहाँ आई

***

2
मुनव्वर राना
भुला पाना बहुत मुश्किल है सब कुछ याद रहता है

भुला पाना बहुत मुश्किल है सब कुछ याद रहता है
मोहब्बत करने वाला इस लिए बरबाद रहता है

अगर सोने के पिंजड़े में भी रहता है तो क़ैदी है
परिंदा तो वही होता है जो आज़ाद रहता है

चमन में घूमने फिरने के कुछ आदाब होते हैं
उधर हरगिज़ नहीं जाना उधर सय्याद रहता है

लिपट जाती है सारे रास्तों की याद बचपन में
जिधर से भी गुज़रता हूँ मैं रस्ता याद रहता है

हमें भी अपने अच्छे दिन अभी तक याद हैं 'राना'
हर इक इंसान को अपना ज़माना याद रहता है

***

3

मुनव्वर राना

ख़फ़ा होना ज़रा सी बात पर तलवार हो जाना

ख़फ़ा होना ज़रा सी बात पर तलवार हो जाना
मगर फिर ख़ुद-ब-ख़ुद वो आप का गुलनार हो जाना

किसी दिन मेरी रुस्वाई का ये कारन न बन जाए
तुम्हारा शहर से जाना मिरा बीमार हो जाना

वो अपना जिस्म सारा सौंप देना मेरी आँखों को
मिरी पढ़ने की कोशिश आप का अख़बार हो जाना

कभी जब आँधियाँ चलती हैं हम को याद आता है
हवा का तेज़ चलना आप का दीवार हो जाना

बहुत दुश्वार है मेरे लिए उस का तसव्वुर भी
बहुत आसान है उस के लिए दुश्वार हो जाना

किसी की याद आती है तो ये भी याद आता है
कहीं चलने की ज़िद करना मिरा तय्यार हो जाना

कहानी का ये हिस्सा अब भी कोई ख़्वाब लगता है
तिरा सर पर बिठा लेना मिरा दस्तार हो जाना

मोहब्बत इक न इक दिन ये हुनर तुम को सिखा देगी
बग़ावत पर उतरना और ख़ुद-मुख़्तार हो जाना

नज़र नीची किए उस का गुज़रना पास से मेरे
ज़रा सी देर रुकना फिर सबा-रफ़्तार हो जाना

***

4
मुनव्वर राना
थकन को ओढ़ के बिस्तर में जा के लेट गए

थकन को ओढ़ के बिस्तर में जा के लेट गए
हम अपनी क़ब्र-ए-मुक़र्रर में जा के लेट गए

तमाम उम्र हम इक दूसरे से लड़ते रहे
मगर मरे तो बराबर में जा के लेट गए

हमारी तिश्ना-नसीबी का हाल मत पूछो
वो प्यास थी कि समुंदर में जा के लेट गए

न जाने कैसी थकन थी कभी नहीं उतरी
चले जो घर से तो दफ़्तर में जा के लेट गए

ये बेवक़ूफ़ उन्हें मौत से डराते हैं
जो ख़ुद ही साया-ए-ख़ंजर में जा के लेट गए

तमाम उम्र जो निकले न थे हवेली से
वो एक गुम्बद-ए-बे-दर में जा के लेट गए

सजाए फिरते थे झूटी अना जो चेहरों पर

वो लोग क़स्र-ए-सिकंदर में जा के लेट गए

सज़ा हमारी भी काटी है बाल-बच्चों ने
कि हम उदास हुए घर में जा के लेट गए

***

5

मुनव्वर राना

बुलंदी देर तक किस शख़्स के हिस्से में रहती है

बुलंदी देर तक किस शख़्स के हिस्से में रहती है
बहुत ऊँची 'इमारत हर घड़ी ख़तरे में रहती है

बहुत जी चाहता है क़ैद-ए-जाँ से हम निकल जाएँ
तुम्हारी याद भी लेकिन इसी मलबे में रहती है

ये ऐसा क़र्ज़ है जो मैं अदा कर ही नहीं सकता
मैं जब तक घर न लौटूँ मेरी माँ सज्दे में रहती है

अमीरी रेशम-ओ-कम-ख़्वाब में नंगी नज़र आई
ग़रीबी शान से इक टाट के पर्दे में रहती है

मैं इंसाँ हूँ बहक जाना मिरी फ़ितरत में शामिल है
हवा भी उस को छू कर देर तक नश्शे में रहती है

मोहब्बत में परखने जाँचने से फ़ाएदा क्या है
कमी थोड़ी बहुत हर एक के शजरे में रहती है

ये अपने आप को तक़सीम कर लेता है सूबों में
ख़राबी बस यही हर मुल्क के नक़्शे में रहती है

***

1

पीरज़ादा क़ासीम

ग़म से बहल रहे हैं आप आप बहुत अजीब हैं

ग़म से बहल रहे हैं आप आप बहुत अजीब हैं
दर्द में ढल रहे हैं आप आप बहुत अजीब हैं

साया-ए-वस्ल कब से है आप का मुंतज़िर मगर
हिज्र में जल रहे हैं आप आप बहुत अजीब हैं

अपने ख़िलाफ़ फ़ैसला ख़ुद ही लिखा है आप ने
हाथ भी मल रहे हैं आप आप बहुत अजीब हैं

वक़्त ने आरज़ू की लौ देर हुई बुझा भी दी
अब भी पिघल रहे हैं आप आप बहुत अजीब हैं

दायरा-वार ही तो हैं इश्क़ के रास्ते तमाम
राह बदल रहे हैं आप आप बहुत अजीब हैं

अपनी तलाश का सफ़र ख़त्म भी कीजिए कभी
ख़्वाब में चल रहे हैं आप आप बहुत अजीब हैं

***

2
पीरज़ादा क़ासीम
बे-दिली से हँसने को ख़ुश-दिली न समझा जाए

बे-दिली से हँसने को ख़ुश-दिली न समझा जाए
ग़म से जलते चेहरों को रौशनी न समझा जाए

गाह गाह वहशत में घर की सम्त जाता हूँ
इस को दश्त-ए-हैरत से वापसी न समझा जाए

लाख ख़ुश-गुमाँ दुनिया बाहमी तअ'ल्लुक़ को
दोस्ती कहें लेकिन दोस्ती न समझा जाए

हम तो बस ये कहते हैं रोज़ जीने मरने को
आप चाहें कुछ समझें ज़िंदगी न समझा जाए

ख़ाक करने वालों की क्या अजीब ख़्वाहिश थी
ख़ाक होने वालों को ख़ाक भी न समझा जाए

***

3

पीरज़ादा क़ासीम

हमारी तरह कोई दूसरा हुआ भी नहीं

हमारी तरह कोई दूसरा हुआ भी नहीं
वो दर्द दिल में रखा है जो ला-दवा भी नहीं

हमारा दर्द अजब मरहले में है कि जहाँ
वो बे-सुख़न भी नहीं और लब-कुशा भी नहीं

उसी को देखती रहती है चश्म-ए-शौक़ मुदाम
जो ग़म अभी सर-ए-शाख़-ए-अलम खुला भी नहीं

अजीब तरह से रौशन हुई है ख़ल्वत-ए-ग़म
कि रौशनी है बहुत और दिया जला भी नहीं

ये दश्त-ए-शौक़ बहुत आफ़ियत-गज़ीदा है
कि अब यहाँ पे तो इम्कान-ए-नक़्श-ए-पा भी नहीं

गुज़र है कैसी फ़ज़ाओं से आज ताइर-ए-इश्क़
कि ज़ेर-ए-बाज़ू-ए-परवाज़ अब ख़ला भी नहीं

मैं ऐसे शख़्स को ज़िंदों में क्या शुमार करूँ
जो सोचता भी नहीं ख़्वाब देखता भी नहीं

ये इश्क़ ख़ाक ही होने का नाम था सो हमें
सिला मिला भी बहुत और सिला मिला भी नहीं

ये अस्र-ए-नौ की चिताओं में आग कैसी है
कि रूह राख हुई और बदन जला भी नहीं

तमाम उम्र अजब वज़्अ-दारियों में कटी
उसे अज़ीज़ रखा जो हमारा था भी नहीं

***

4

पीरज़ादा क़ासीम

अदाकारी में भी सौ कर्ब के पहलू निकल आए

अदाकारी में भी सौ कर्ब के पहलू निकल आए
कि फ़न्काराना रोते थे मगर आँसू निकल आए

हमें अपनी ही जानिब अब सफ़र आग़ाज़ करना है
सो मिस्ल-ए-निकहत-ए-गुल हो के बे-क़ाबू निकल आए

यही बे-नाम पैकर हुस्न बन जाएँगे फ़र्दा का
सुख़न महके अगर कुछ इश्क़ की ख़ुश्बू निकल आए

इसी उम्मीद पर हम क़त्ल होते आए हैं अब तक
कि कब क़ातिल के पर्दे में कोई दिल-जू निकल आए

समझते थे कि महजूरी की ज़ुल्मत ही मुक़द्दर है
मगर फिर उस की यादों के बहुत जुगनू निकल आए

दिलों को जीत लेना इस क़दर आसान ही कब था
मगर अब शोबदे हैं और बहुत जादू निकल आए

सफ़र की इंतिहा तक एक ताज़ा आस बाक़ी है
कि मैं ये मोड़ काटूँ उस तरफ़ से तू निकल आए

***

5

पीरज़ादा क़ासीम

दर्द है कि नग़्मा है फ़ैसला किया जाए

दर्द है कि नग़्मा है फ़ैसला किया जाए
या'नी दिल की धड़कन पर ग़ौर कर लिया जाए

आप कितने सादा हैं चाहते हैं बस इतना
ज़ुल्म के अंधेरे को रात कह दिया जाए

आज सब हैं बे-क़ीमत गिर्या भी तबस्सुम भी
दिल में हँस लिया जाए दिल में रो लिया जाए

बे-हिसी की दुनिया से दो सवाल मेरे भी
कब तलक जिया जाए और क्यों जिया जाए

अब तो फ़क़्र-ओ-फ़ाक़ा की आबरू इसी से है
तार तार दामन को क्यों भला सिया जाए

***

1

सलीम कौसर

क़ुर्बतें होते हुए भी फ़ासलों में क़ैद हैं

क़ुर्बतें होते हुए भी फ़ासलों में क़ैद हैं
कितनी आज़ादी से हम अपनी हदों में क़ैद हैं

कौन सी आँखों में मेरे ख़्वाब रौशन हैं अभी
किस की नींदें हैं जो मेरे रतजगों में क़ैद हैं

शहर आबादी से ख़ाली हो गए ख़ुश्बू से फूल
और कितनी ख़्वाहिशें हैं जो दिलों में क़ैद हैं

पाँव में रिश्तों की ज़ंजीरें हैं दिल में ख़ौफ़ की
ऐसा लगता है कि हम अपने घरों में क़ैद हैं

ये ज़मीं यूँही सिकुड़ती जाएगी और एक दिन
फैल जाएँगे जो तूफ़ाँ साहिलों में क़ैद हैं

इस जज़ीरे पर अज़ल से ख़ाक उड़ती है हवा
मंज़िलों के भेद फिर भी रास्तों में क़ैद हैं

कौन ये पाताल से उभरा किनारे पर 'सलीम'
सर-फिरी मौजें अभी तक दाएरों में क़ैद हैं

***

2

सलीम कौसर

तुम ने सच बोलने की जुरअत की

तुम ने सच बोलने की जुरअत की
ये भी तौहीन है अदालत की

मंज़िलें रास्तों की धूल हुईं
पूछते क्या हो तुम मसाफ़त की

अपना ज़ाद-ए-सफ़र भी छोड़ गए
जाने वालों ने कितनी उजलत की

मैं जहाँ क़त्ल हो रहा हूँ वहाँ
मेरे अज्दाद ने हुकूमत की

पहले मुझ से जुदा हुआ और फिर
अक्स ने आईने से हिजरत की

मेरी आँखों पे उस ने हाथ रखा
और इक ख़्वाब की महूरत की

इतना मुश्किल नहीं तुझे पाना
इक घड़ी चाहिए है फ़ुर्सत की

हम ने तो ख़ुद से इंतिक़ाम लिया
तुम ने क्या सोच कर मोहब्बत की

कौन किस के लिए तबाह हुआ
क्या ज़रूरत है इस वज़ाहत की

इश्क़ जिस से न हो सका उस ने
शायरी में अजब सियासत की

याद आई तो है शनाख़्त मगर
इंतिहा हो गई है ग़फ़लत की

हम वहाँ पहले रह चुके हैं 'सलीम'
तुम ने जिस दिल में अब सुकूनत की

***

3

सलीम कौसर

ये लोग जिस से अब इंकार करना चाहते हैं

ये लोग जिस से अब इंकार करना चाहते हैं
वो गुफ़्तुगू दर-ओ-दीवार करना चाहते हैं

हमें ख़बर है कि गुज़रेगा एक सैल-ए-फ़ना
सो हम तुम्हें भी ख़बर-दार करना चाहते हैं

और इस से पहले कि साबित हो जुर्म-ए-ख़ामोशी
हम अपनी राय का इज़हार करना चाहते हैं

यहाँ तक आ तो गए आप की मोहब्बत में
अब और कितना गुनहगार करना चाहते हैं

गुल-ए-उमीद फ़रोज़ाँ रहे तिरी ख़ुश्बू
कि लोग उसे भी गिरफ़्तार करना चाहते हैं

उठाए फिरते हैं कब से अज़ाब-ए-दर-बदरी
अब इस को वक़्फ़-ए-रह-ए-यार करना चाहते हैं

जहाँ कहानी में क़ातिल बरी हुआ है वहाँ
हम इक गवाह का किरदार करना चाहते हैं

वो हम हैं जो तिरी आवाज़ सुन के तेरे हुए
वो और हैं कि जो दीदार करना चाहते हैं

***

4
सलीम कौसर
मिलना न मिलना एक बहाना है और बस

मिलना न मिलना एक बहाना है और बस
तुम सच हो बाक़ी जो है फ़साना है और बस

लोगों को रास्ते की ज़रूरत है और मुझे
इक संग-ए-रहगुज़र को हटाना है और बस

मसरूफ़ियत ज़ियादा नहीं है मिरी यहाँ
मिट्टी से इक चराग़ बनाना है और बस

सोए हुए तो जाग ही जाएँगे एक दिन
जो जागते हैं उन को जगाना है और बस

तुम वो नहीं हो जिन से वफ़ा की उमीद है
तुम से मिरी मुराद ज़माना है और बस

फूलों को ढूँडता हुआ फिरता हूँ बाग़ में
बाद-ए-सबा को काम दिलाना है और बस

आब ओ हवा तो यूँ भी मिरा मसअला नहीं
मुझ को तो इक दरख़्त लगाना है और बस

नींदों का रत-जगों से उलझना यूँही नहीं
इक ख़्वाब-ए-राएगाँ को बचाना है और बस

इक वा'दा जो किया ही नहीं है अभी 'सलीम'
मुझ को वही तो वा'दा निभाना है और बस

***

5

सलीम कौसर

तू सूरज है तेरी तरफ़ देखा नहीं जा सकता

तू सूरज है तेरी तरफ़ देखा नहीं जा सकता
लेकिन देखने वालों को रोका नहीं जा सकता

अब जो लहर है पल भर बाद नहीं होगी यानी
इक दरिया में दूसरी बार उतरा नहीं जा सकता

अब भी वक़्त है अपनी रविश तब्दील करो वर्ना
जो कुछ होने वाला है सोचा नहीं जा सकता

उस की गली में जाने से उसे मिलने से ख़ुद को
रोका जा सकता है पर रोका नहीं जा सकता

किसी को चाहत और किसी को नफ़रत मारती है
कोई भी हो उसे मरते तो देखा नहीं जा सकता

एक तरफ़ तिरे हुस्न की हैरत एक तरफ़ दुनिया
और दुनिया में देर तलक ठहरा नहीं जा सकता

***

1

ज़फ़र इक़बाल

ख़ामुशी अच्छी नहीं इंकार होना चाहिए

ख़ामुशी अच्छी नहीं इंकार होना चाहिए
ये तमाशा अब सर-ए-बाज़ार होना चाहिए

ख़्वाब की ताबीर पर इसरार है जिन को अभी
पहले उन को ख़्वाब से बेदार होना चाहिए

डूब कर मरना भी उसलूब-ए-मोहब्बत हो तो हो
वो जो दरिया है तो उस को पार होना चाहिए

अब वही करने लगे दीदार से आगे की बात
जो कभी कहते थे बस दीदार होना चाहिए

बात पूरी है अधूरी चाहिए ऐ जान-ए-जाँ
काम आसाँ है इसे दुश्वार होना चाहिए

दोस्ती के नाम पर कीजे न क्यूँकर दुश्मनी
कुछ न कुछ आख़िर तरीक़-ए-कार होना चाहिए

झूट बोला है तो क़ाएम भी रहो उस पर 'ज़फ़र'
आदमी को साहब-ए-किरदार होना चाहिए

***

2

ज़फ़र इक़बाल

थकना भी लाज़मी था कुछ काम करते करते

थकना भी लाज़मी था कुछ काम करते करते
कुछ और थक गया हूँ आराम करते करते

अंदर सब आ गया है बाहर का भी अंधेरा
ख़ुद रात हो गया हूँ मैं शाम करते करते

ये उम्र थी ही ऐसी जैसी गुज़ार दी है
बदनाम होते होते बदनाम करते करते

फँसता नहीं परिंदा है भी इसी फ़ज़ा में
तंग आ गया हूँ दिल को यूँ दाम करते करते

कुछ बे-ख़बर नहीं थे जो जानते हैं मुझ को
मैं कूच कर रहा था बिसराम करते करते

सर से गुज़र गया है पानी तो ज़ोर करता
सब रोक रुकते रुकते सब थाम करते करते

किस के तवाफ़ में थे और ये दिन आ गए हैं
क्या ख़ाक थी कि जिस को एहराम करते करते

जिस मोड़ से चले थे पहुँचे हैं फिर वहीं पर
इक राएगाँ सफ़र को अंजाम करते करते

आख़िर 'ज़फ़र' हुआ हूँ मंज़र से ख़ुद ही ग़ाएब
उस्लूब-ए-ख़ास अपना मैं आम करते करते

***

3

ज़फ़र इक़बाल

बस एक बार किसी ने गले लगाया था

बस एक बार किसी ने गले लगाया था
फिर उस के बा'द न मैं था न मेरा साया था

गली में लोग भी थे मेरे उस के दुश्मन लोग
वो सब पे हँसता हुआ मेरे दिल में आया था

उस एक दश्त में सौ शहर हो गए आबाद
जहाँ किसी ने कभी कारवाँ लुटाया था

वो मुझ से अपना पता पूछने को आ निकले
कि जिन से मैं ने ख़ुद अपना सुराग़ पाया था

मिरे वजूद से गुलज़ार हो के निकली है
वो आग जिस ने तिरा पैरहन जलाया था

मुझी को ताना-ए-ग़ारत-गरी न दे प्यारे
ये नक़्श मैं ने तिरे हाथ से मिटाया था

उसी ने रूप बदल कर जगा दिया आख़िर
जो ज़हर मुझ पे कभी नींद बन के छाया था

'ज़फ़र' की ख़ाक में है किस की हसरत-ए-तामीर
ख़याल-ओ-ख़्वाब में किस ने ये घर बनाया था

***

4

ज़फ़र इक़बाल

अभी आँखें खुली हैं और क्या क्या देखने को

अभी आँखें खुली हैं और क्या क्या देखने को
मुझे पागल किया उस ने तमाशा देखने को

वो सूरत देख ली हम ने तो फिर कुछ भी न देखा
अभी वर्ना पड़ी थी एक दुनिया देखने को

तमन्ना की किसे परवा कि सोने जागने में
मयस्सर हैं बहुत ख़्वाब-ए-तमन्ना देखने को

ब-ज़ाहिर मुतमइन मैं भी रहा इस अंजुमन में
सभी मौजूद थे और वो भी ख़ुश था देखने को

अब उस को देख कर दिल हो गया है और बोझल
तरसता था यही देखो तो कितना देखने को

अब इतना हुस्न आँखों में समाए भी तो क्यूँकर
वगरना आज उसे हम ने भी देखा देखने को

छुपाया हाथ से चेहरा भी उस ना-मेहरबाँ ने
हम आए थे 'ज़फ़र' जिस का सरापा देखने को

***

5

ज़फ़र इक़बाल

ये बात अलग है मिरा क़ातिल भी वही था

ये बात अलग है मिरा क़ातिल भी वही था
इस शहर में तारीफ़ के क़ाबिल भी वही था

आसाँ था बहुत उस के लिए हर्फ़-ए-मुरव्वत
और मरहला अपने लिए मुश्किल भी वही था

ताबीर थी अपनी भी वही ख़्वाब-ए-सफ़र की
अफ़्साना-ए-महरूमी-ए-मंज़िल भी वही था

इक हाथ में तलवार थी इक हाथ में कश्कोल
ज़ालिम तो वो था ही मिरा साइल भी वही था

हम आप के अपने हैं वो कहता रहा मुझ से
आख़िर सफ़-ए-अग़्यार में शामिल भी वही था

मैं लौट के आया तो गुलिस्तान-ए-हवस में
था गुल भी वही शोर-ए-अनादिल भी वही था

दावे थे 'ज़फ़र' उस को बहुत बा-ख़बरी के
देखा तो मिरे हाल से ग़ाफ़िल भी वही था

***

1

ऐतबार साजिद

जो ख़याल थे न क़यास थे वही लोग मुझ से बिछड़ गए

जो ख़याल थे न क़यास थे वही लोग मुझ से बिछड़ गए
जो मोहब्बतों की असास थे वही लोग मुझ से बिछड़ गए

जिन्हें मानता ही नहीं ये दिल वही लोग मेरे हैं हम-सफ़र
मुझे हर तरह से जो रास थे वही लोग मुझ से बिछड़ गए

मुझे लम्हा-भर की रफ़ाक़तों के सराब और सताएँगे
मिरी उम्र-भर की जो प्यास थे वही लोग मुझ से बिछड़ गए

ये ख़याल सारे हैं आरज़ी ये गुलाब सारे हैं काग़ज़ी
गुल-ए-आरज़ू की जो बास थे वही लोग मुझ से बिछड़ गए

जिन्हें कर सका न क़ुबूल मैं वो शरीक-ए-राह-ए-सफ़र हुए
जो मिरी तलब मिरी आस थे वही लोग मुझ से बिछड़ गए

मिरी धड़कनों के क़रीब थे मिरी चाह थे मिरा ख़्वाब थे
वो जो रोज़-ओ-शब मिरे पास थे वही लोग मुझ से बिछड़ गए

***

2

ऐतबार साजिद

मैं तकिए पर सितारे बो रहा हूँ

मैं तकिए पर सितारे बो रहा हूँ
जनम-दिन है अकेला रो रहा हूँ

किसी ने झाँक कर देखा न दिल में
कि मैं अंदर से कैसा हो रहा हूँ

जो दिल पर दाग़ हैं पिछली रुतों के
उन्हें अब आँसुओं से धो रहा हूँ

सभी परछाइयाँ हैं साथ लेकिन
भरी महफ़िल में तन्हा हो रहा हूँ

मुझे इन निस्बतों से कौन समझा
मैं रिश्ते में किसी का जो रहा हूँ

मैं चौंक उठता हूँ अक्सर बैठे बैठे
कि जैसे जागते में सो रहा हूँ

किसे पाने की ख़्वाहिश है कि 'साजिद'
मैं रफ़्ता रफ़्ता ख़ुद को खो रहा हूँ

***

3

ऐतबार साजिद

ढूँडते क्या हो इन आँखों में कहानी मेरी

ढूँडते क्या हो इन आँखों में कहानी मेरी
ख़ुद में गुम रहना तो 'आदत है पुरानी मेरी

भीड़ में भी तुम्हें मिल जाऊँगा आसानी से
खोया खोया हुआ रहना है निशानी मेरी

मैं ने इक बार कहा था कि बहुत प्यासा हूँ
तब से मशहूर हुई तिश्ना-दहानी मेरी

यही दीवार-ओ-दर-ओ-बाम थे मेरे हमराज़
इन्ही गलियों में भटकती थी जवानी मेरी

तू भी इस शहर का बासी है तो दिल से लग जा
तुझ से वाबस्ता है इक याद पुरानी मेरी

कर्बला दश्त-ए-मोहब्बत को बना रक्खा है
क्या ग़ज़ल-गोई है क्या मर्सिया-ख़्वानी मेरी

धीमे लहजे का सुख़नवर हूँ न सहबा हूँ न जोश
मैं कहाँ और कहाँ शो'ला-बयानी मेरी

***

4

ऐतबार साजिद

फूल थे रंग थे लम्हों की सबाहत हम थे

फूल थे रंग थे लम्हों की सबाहत हम थे
ऐसे ज़िंदा थे कि जीने की अलामत हम थे

सब ख़िरद-मंद बने फिरते थे माशा-अल्लाह
बस तिरे शहर में इक साहिब-ए-वहशत हम थे

नाम बख़्शा है तुझे किस के वुफ़ूर-ए-ग़म ने
गर कोई था तो तिरे मुजरिम-ए-शोहरत हम थे

अब तो ख़ुद अपनी ज़रूरत भी नहीं है हम को
वो भी दिन थे कि कभी तेरी ज़रूरत हम थे

धूप के दश्त में कितना वो हमें ढूँडता था
'ए'तिबार' उस के लिए अब्र की सूरत हम थे

***

5

ऐतबार साजिद

ये बरसों का त'अल्लुक़ तोड़ देना चाहते हैं हम

ये बरसों का त'अल्लुक़ तोड़ देना चाहते हैं हम
अब अपने आप को भी छोड़ देना चाहते हैं हम

किसी दहलीज़ पर आँखों के ये रौशन दिए रख कर
ज़मीर-ए-सुब्ह को झिंझोड़ देना चाहते हैं हम

जिधर हम जा रहे हैं उस तरफ़ टूटा हुआ पुल है
ये बागें इस से पहले मोड़ देना चाहते हैं हम

ये नौबत कल जो आनी है तो शर्मिंदा नहीं होंगे
मरासिम एहतियातन तोड़ देना चाहते हैं हम

'अजब दीवानगी है जिस के हम साए में बैठे हैं
उसी दीवार से सर फोड़ देना चाहते हैं हम

त'अल्लुक़ किर्चियों की शक्ल में बिखरा तो है फिर भी
शिकस्ता आईनों को जोड़ देना चाहते हैं हम

***

1

राजेश रेड्डी

घर से निकले थे हौसला कर के

घर से निकले थे हौसला कर के
लौट आए ख़ुदा ख़ुदा कर के

दर्द-ए-दिल पाओगे वफ़ा कर के
हम ने देखा है तजरबा कर के

लोग सुनते रहे दिमाग़ की बात
हम चले दिल को रहनुमा कर के

किस ने पाया सुकून दुनिया में
ज़िंदगानी का सामना कर के

ज़िंदगी तो कभी नहीं आई
मौत आई ज़रा ज़रा कर के

***

2

राजेश रेड्डी

ज़िंदगी तू ने लहू ले के दिया कुछ भी नहीं

ज़िंदगी तू ने लहू ले के दिया कुछ भी नहीं
तेरे दामन में मिरे वास्ते क्या कुछ भी नहीं

आप इन हाथों की चाहें तो तलाशी ले लें
मेरे हाथों में लकीरों के सिवा कुछ भी नहीं

हम ने देखा है कई ऐसे ख़ुदाओं को यहाँ
सामने जिन के वो सच-मुच का ख़ुदा कुछ भी नहीं

या ख़ुदा अब के ये किस रंग में आई है बहार
ज़र्द ही ज़र्द है पेड़ों पे हरा कुछ भी नहीं

दिल भी इक ज़िद पे अड़ा है किसी बच्चे की तरह
या तो सब कुछ ही इसे चाहिए या कुछ भी नहीं

***

3

राजेश रेड्डी

ये कब चाहा कि मैं मशहूर हो जाऊँ

ये कब चाहा कि मैं मशहूर हो जाऊँ
बस अपने आप को मंज़ूर हो जाऊँ

नसीहत कर रही है अक़्ल कब से
कि मैं दीवानगी से दूर हो जाऊँ

न बोलूँ सच तो कैसा आईना मैं
जो बोलूँ सच तो चकना-चूर हो जाऊँ

है मेरे हाथ में जब हाथ तेरा
अजब क्या है जो मैं मग़रूर हो जाऊँ

बहाना कोई तो ऐ ज़िंदगी दे
कि जीने के लिए मजबूर हो जाऊँ

सराबों से मुझे सैराब कर दे
नशे में तिश्नगी के चूर हो जाऊँ

मिरे अंदर से गर दुनिया निकल जाए
मैं अपने-आप में भरपूर हो जाऊँ

***

4

राजेश रेड्डी

जो कहीं था ही नहीं उस को कहीं ढूँढना था

जो कहीं था ही नहीं उस को कहीं ढूँढना था
हम को इक वहम के जंगल में यक़ीं ढूँढना था

पहले तामीर हमें करना था अच्छा सा मकाँ
फिर मकाँ के लिए अच्छा सा मकीं ढूँढना था

सब के सब ढूँडते फिरते थे उसे बन के हुजूम
जिस को अपने में कहीं अपने तईं ढूँढना था

जुस्तुजू का इक अजब सिलसिला ता-उम्र रहा
ख़ुद को खोना था कहीं और कहीं ढूँढना था

नींद को ढूँड के लाने की दवाएँ थीं बहुत
काम मुश्किल तो कोई ख़्वाब हसीं ढूँढना था

दिल भी बच्चे की तरह ज़िद पे अड़ा था अपना
जो जहाँ था ही नहीं उस को वहीं ढूँढना था

हम भी जीने के लिए थोड़ा सुकूँ थोड़ा सा चैन
ढूँड सकते थे मगर हम को नहीं ढूँढना था

***

5

राजेश रेड्डी

सुना है ये जहाँ अच्छा था पहले

सुना है ये जहाँ अच्छा था पहले
ये जो अब दश्त है दरिया था पहले

जो होता कौन आता इस जहाँ में
किसे दुनिया का अंदाज़ा था पहले

बड़ी तस्वीर लटका दी है अपनी
जहाँ छोटा सा आईना था पहले

समझ में कुछ नहीं आता अब उस की
वो जो औरों को समझाता था पहले

किया ईजाद जिस ने भी ख़ुदा को
वो ख़ुद को कैसे बहलाता था पहले

बहुत कुछ भी नहीं काफ़ी यहाँ अब
बहुत थोड़े से चल जाता था पहले

ये दीवारें तो हैं इस दौर का सच
खुला हर दिल का दरवाज़ा था पहले

***

1

अभिषेक शुक्ला

चलते हुए मुझ में कहीं ठहरा हुआ तू है

चलते हुए मुझ में कहीं ठहरा हुआ तू है
रस्ता नहीं मंज़िल नहीं अच्छा हुआ तू है

ता'बीर तक आते ही तुझे छूना पड़ेगा
लगता है कि हर ख़्वाब में देखा हुआ तू है

मुझ जिस्म की मिट्टी पे तिरे नक़्श-ए-कफ़-ए-पा
और मैं भी बड़ा ख़ुश कि अरे क्या हुआ तू है

मैं यूँ ही नहीं अपनी हिफ़ाज़त में लगा हूँ
मुझ में कहीं लगता है कि रक्खा हुआ तू है

वो नूर हो आँसू हो कि ख़्वाबों की धनक हो
जो कुछ भी इन आँखों में इकट्ठा हुआ तू है

इस घर में न हो कर भी फ़क़त तू ही रहेगा
दीवार-ओ-दर-ए-जाँ में समाया हुआ तू है

***

2

अभिषेक शुक्ला

ये और बात तिरे दिल में घर नहीं करूँगा

ये और बात तिरे दिल में घर नहीं करूँगा
पर इस मक़ाम से आगे सफ़र नहीं करूँगा

दुआएँ क्या दूँ उसे ज़िंदगी की इतना है
मैं ज़हर हूँ मगर उस पर असर नहीं करूँगा

किसी से झूटी मोहब्बत किसी से सच्चा बैर
मैं कर तो सकता हूँ ये सब मगर नहीं करूँगा

दवाम बख़्श तो सकता हूँ ख़ामुशी को मगर
ये काम मैं किसी आवाज़ पर नहीं करूँगा

किया जो वक़्त पर उस का मआल देख चुका
कोई भी काम मैं अब वक़्त पर नहीं करूँगा

गुज़ार दूँगा मैं अपने फ़िराक़ में ख़ुद को
ख़ुद अपने होने की ख़ुद को ख़बर नहीं करूँगा

***

3

अभिषेक शुक्ला

हम ऐसे सोए भी कब थे हमें जगा लाते

हम ऐसे सोए भी कब थे हमें जगा लाते
कुछ एक ख़्वाब तो शब-ख़ून से बचा लाते

ज़ियाँ तो दोनों तरह से है अपनी मिट्टी का
हम आब लाते कि अपने लिए हवा लाते

पता जो होता कि निकलेगा चाँद जैसा कुछ
हम अपने साथ सितारों को भी उठा लाते

हमें यक़ीन नहीं था ख़ुद अपनी रंगत पर
हम इस ज़मीं की हथेली पे रंग क्या लाते

बस और कुछ भी नहीं चाहता था मैं तुम से
ज़रा सी चीज़ थी दुनिया कहीं छुपा लाते

हमारे अज़्म की शिद्दत अगर समझनी थी
तो इस सफ़र में कोई सख़्त मरहला लाते

***

4

अभिषेक शुक्ला

लहर का ख़्वाब हो के देखते हैं

लहर का ख़्वाब हो के देखते हैं
चल तह-ए-आब हो के देखते हैं

उस पे इतना यक़ीन है हम को
उस को बेताब हो के देखते हैं

रात को रात हो के जाना था
ख़्वाब को ख़्वाब हो के देखते हैं

अपनी अरज़ानियों के सदक़े हम
ख़ुद को नायाब हो के देखते हैं

साहिलों की नज़र में आना है
फिर तो ग़र्क़ाब हो के देखते हैं

वो जो पायाब कह रहा था हमें
उस को सैलाब हो के देखते हैं

***

5

अभिषेक शुक्ला

पुकार उसे कि अब इस ख़ामुशी का हल निकले

पुकार उसे कि अब इस ख़ामुशी का हल निकले
जवाब आए तो मुमकिन है बात चल निकले

ज़माना आग था और इश्क़ लौ-लगी रस्सी
हज़ार जल के भी कब इस बला के बल निकले

मैं अपनी ख़ाक पे इक उम्र तक बरसता रहा
थमा तो देखा कि कीचड़ में कुछ कमल निकले

मैं जिस में ख़ुश भी था ज़िंदा भी था तुम्हारा भी था
कई ज़माने निचोड़ूँ तो एक पल निकले

कुछ एक ख़्वाब वहाँ बो रहूँगा सोचा है
वो नैन अगर मिरे नैनों से भी सजल निकले

मैं अपने हाथों को रोता था हर दुआ के बा'द
ख़ुदा के हाथ तो मुझ से ज़ियादा शल निकले

दयार-ए-इश्क़ में सब का गुज़र नहीं मुमकिन
कई जो पैरों पे आए थे सर के बल निकले

बहार जज़्ब है जिस में उसे बनाते हुए
तमाम रंग मिरे कैनवस पे डल निकले

जमी हुई थी मिरी आँख इक अलाव के गिर्द
कुछ एक ख़्वाब तो यूँही पिघल पिघल निकले

बदल के रख ही दिया मुझ को उम्र भर के लिए
तिरी ही तरह तिरे ग़म भी बे-बदल निकले

जो दिल में आए थे आहट उतार कर अपनी
वो दिल से निकले तो फिर कितना पुर-ख़लल निकले

***

www.ingramcontent.com/pod-product-compliance
Lightning Source LLC
LaVergne TN
LVHW050755051026
849532LV00008B/2870